BEI GRIN MACHT SICH IHR WISSEN BEZAHLT

Techniken des reproduktiven Klonens. Ethische Fragestellungen und gesellschaftliche Folgen

Bibliografische Information der Deutschen Nationalbibliothek:

Die Deutsche Nationalbibliothek verzeichnet diese Publikation in der Deutschen Nationalbibliografie; detaillierte bibliografische Daten sind im Internet über http://dnb.d-nb.de abrufbar.

ISBN: 9783346210081
Dieses Buch ist auch als E-Book erhältlich.

© GRIN Publishing GmbH
Nymphenburger Straße 86
80636 München

Druck und Bindung: Books on Demand GmbH, Norderstedt Germany
Gedruckt auf säurefreiem Papier aus verantwortungsvollen Quellen

Das vorliegende Werk wurde sorgfältig erarbeitet. Dennoch übernehmen Autoren und Verlag für die Richtigkeit von Angaben, Hinweisen, Links und Ratschlägen sowie eventuelle Druckfehler keine Haftung.

Das Buch bei GRIN: https://www.grin.com/document/907364

Referatsausarbeitung zum Thema:

Reproduktives Klonen

Wintersemester
Hochschulort: Universität Wien

Wien, am: 25.04.2018

Inhalt

1 Einleitung

Was ist eigentlich reproduktives Klonen? Wie geschieht dies und ist es überhaupt in Österreich erlaubt? Klonen ist ein bekanntes Thema; oft sieht man in den Medien verschiedenste bahnbrechende Errungenschaften. Das bekannteste Beispiel dafür war das Klonschaf Dolly.

Aber welche Folgen bringt das Klonen für die Gesellschaft mit sich? Ist ein Klon ein richtiger Mensch? Welche Vor- und Nachteile bietet das Klonen?

Solchen und einigen anderen Fragen versucht diese Referatsausarbeitung genauer auf den Grund zu gehen. Es werden zunächst Techniken des Klonens vorgestellt und es wird eine sachliche Einführung in diese komplexe Materie gegeben. Der nächste Abschnitt der Arbeit widmet sich der ethischen Beurteilung des Klonens und den damit aufkommenden Problemen.

2 Was ist Klonen ?

Der Begriff Klonen ist nicht ganz so eindeutig. Ursprünglich kommt der Begriff des >Klons< aus dem Griechischen, was so viel heißt wie >Spross< oder >Schößling<. In der Molekulargenetik ist das Klonen von Organismen, wie DNA-Fragmenten, Bakterien und Zellen, zu einer bewährten Technik geworden. [1] Ziel des Klonens ist die Herstellung eines genetisch identischen Duplikates dieser Organismen.[2] Der Einsatz des Klonens beginnt auf der molekularen Ebene bei der DNA (Desoxyribonucleinsäure), die die chemische Grundlage unseres Erbguts ist.[3]

Grundsätzlich wird die geschlechtliche Fortpflanzung über die Verschmelzung von Samen- und Eizellen vollzogen, die eine neue Zusammensetzung von väterlichem und mütterlichem Erbgut zur Folge hat.[4] Ein neues Lebewesen soll dadurch eine Verbindung von beiden Erbgütern werden.[5] Klonen bedient sich hier einer anderen Methode. Das Klonen ist grundsätzlich ein ungeschlechtlicher Vorgang, bei dem es zu keiner Neuordnung der Gene kommt, da der Eingriff von außen, künstlich, stattfindet. Es entsteht vielmehr eine fast identische Kopie des Originals.[6]

2.1 Klontechniken

Es gibt im derzeitigen Wissenschaftsstand zwei verschiedene Klontechniken. Diese werden nun vorgestellt.

2.1.1 Embryo-Splitting:

Bei diesem Verfahren wird ein Embryo durch einen mikrochirurgischen Eingriff in mehrere Zellen geteilt.[7] Diese erzeugten Zellen müssen totipotent sein, d.h. diese Zellen können sich vollständig zu einem eigenen Organismus entwickeln. Ein menschlicher Embryo z.B. hat bis zum 8-Zell-Stadium

---

[1] Vgl. Kersten: Das Klonen von Menschen, S. 6.
[2] Vgl. Sadaryan: Bioethik in ökumenischer Perspektive, S. 221.
[3] Vgl. Hillebrand/Lanzerath: Klonen, Stand der Forschung, S. 11.
[4] Vgl. Hillebrand/Lanzerath: Klonen, Stand der Forschung, S. 11.
[5] Vgl. Kersten: Das Klonen von Menschen, S. 7.
[6] Vgl. Hillebrand/Lanzerath: Klonen, Stand der Forschung, S. 11.
[7] Vgl. Kersten: Das Klonen von Menschen, S. 8.

totipotente Zellen. Das Embryo-Splitting muss also dann durchgeführt werden, solange der Embryo noch über totipotente Zellen verfügt.[8] Beim Klonen von Tieren ist diese Methode schon erprobt worden, so wurde z.b. ein Embryo-Splitting beim Rhesusaffen durchgeführt. Die geklonten Embryonen wurden in Leihmütter eingesetzt und infolgedessen kam es zu einer Lebendgeburt.[9] Beim Menschen wurde diese Methode am erfolgreichsten mit einem Embryo im 2-Zell-Stadium durchgeführt. 1993 wurde ein Versuch publiziert, in dem sich aus dem >splitting< von totipotenten Zellen eine Entwicklung bis zum 32-Zellen Embryo nachweisen ließ.[10]

2.1.2 Zellkerntransfer (ZKT)

Beim ZKT wird die Erbsubstanz einer Eizelle entfernt und durch den Zellkern der Somazelle ersetzt, deren Kopie man erstellen will.[11] Aus einer somatischen Zelle können keine Geschlechtszellen hervorgehen, da diese eine Körperzelle ist. Zellen, aus denen Gameten hervorgehen, nennt man Keimzellen.[12] Der Zellkern der Eizelle wird mit einer Mikropipette entfernt und durch den Zellkern der Somazelle ersetzt. Durch elektrische Impulse wird der implantierte Zellkern animiert, sich mit dem der Eizelle zu fusionieren.[13] Der Embryo wird dann in vitro kultiviert und einer Leihmutter eingepflanzt.[14] Der ZKT wurde auch beim bekannten Dolly-Experiment angewandt. Dolly war das erste geklonte Schaf der Welt. Damit sie das Licht der Welt erblicken konnte, mussten 277 Versuche gestartet werden. Lediglich 29 von 277 Embryonen konnten sich weiterentwickeln. Insgesamt wurden 13 Leihmutterschafe für das Experiment verwendet. Dolly war das einzige Schaf, das geboren werden konnte und das nach seiner Geburt noch sechs weitere Jahre überlebte. [15]

---

[8] Vgl. Hillebrand/Lanzerath: Klonen, Stand der Forschung, S. 12.
[9] Vgl. Kersten: Das Klonen von Menschen, S. 9.
[10] Vgl. Graf: Klonen, S. 35.
[11] Vgl. Sadaryan: Bioethik in ökumenischer Perspektive, S. 221.
[12] Vgl. Graf: Klonen, S. 372-375.
[13] Vgl. Schreiner: Klonen durch Zellkerntransfer, S. 12.
[14] Vgl. Sadaryan: Bioethik in ökumenischer Perspektive, S. 221.
[15] Vgl. Graf: Klonen, S. 33.

3 Anwendung des Klonens beim Menschen

Die Technik des Klonens wird beim Menschen sehr unterschiedlich angewandt. Das Klonen dient nicht nur rein der Fortpflanzung, sondern wird auch in anderen medizinischen Feldern genutzt, um Menschen heilen zu können.

3.1 Therapeutisches Klonen

Beim therapeutischen Klonen ruht die Hoffnung auf dem Stammzellenklonen. Die Stammzellenforschung erhofft sich so neue Erkenntnisse, um Krankheiten therapierbar zu machen. Ein großes Problem des Stammzellentransfers ist die natürliche Abstoßungsreaktion des Körpers von fremden Stammzellen. Deshalb wird beim therapeutischen Klonen aus dem eigenen Erbgut eines Patienten/ einer Patientin neues Gewebe gezüchtet, welches später von dessen/ deren Immunsystem akzeptiert wird. So kann auch die Organtransplantation eine große Weiterentwicklung erlangen. Aus Stammzellen könnten sich ganze Organe entwickeln und anschließend dem Empfänger eingesetzt werden, ohne dass es eine Abstoßung des Organs gibt, da dieses ja aus den Stammzellen des Empfängers/ der Empfängerin entnommen wurde. [16]

3.2 Klonen zu diagnostischen Zwecken

Beim diagnostischen Klonen werden mithilfe der IVF (In-vitro-Fertilisation) Zellen eines Embryos entnommen und einer Präimplantationsdiagnostik (PID) unterzogen. Dabei werden genetische Abweichungen untersucht. Gesunde Embryonen werden eingepflanzt und ungesunde Embryonen vernichtet. Da die Zellen eines Embryos bis zum 8-Zell-Stadium noch totipotent sind und die neu gewonnenen Zellen durch Embryo-splitting entnommen werden, wird dies als Klonen bezeichnet.[17]

---

[16] Vgl. Hengstschläger: Das ungeborene menschliche Leben, S. 159-160.
[17] Vgl. Kersten: Das Klonen von Menschen, S. 23-25.

3.3 Reproduktives Klonen

Vom reproduktiven Klonen spricht man, wenn mithilfe der ZKT-Technik eine ungeschlechtliche Vermehrung vollzogen wird. Der erzeugte Embryo wird einer Leihmutter eingesetzt.[18] Bis jetzt gibt es keine nachgewiesenen menschlichen Klone. Die ganze Forschung dazu befindet sich in einem frühen Stadium. Auch eine völlig exakte Kopie eines Menschen wird es nicht geben können, da in der zellkernlosen Eizelle nicht sämtliche Erbgutinformationen entfernt werden können und ein gewisses Resterbgut erhalten bleibt.[19] Das Problem der Forschung ist derzeit, dass es zu viele Risikofaktoren gibt, um einen Menschen zu klonen. Das Klonschaf Dolly wurde aus 277 Versuchen erschaffen und lebte danach nur sechs Jahre. Um eine Forschung mit Menschen möglich zu machen, müssten Mütter unzählige Schwangerschaften ertragen, um überhaupt theoretisch ein geklontes Kind zu gebären.[20]

4 Wann ist ein Mensch ein Mensch?

Klonen ist unter anderem deshalb ethisch umstritten, weil dabei Menschen leiden oder gar getötet werden müssen. Leiden müssen Menschen z.B. bei der Leihmutterschaft, die in zahlreichen Versuchen zur Erforschung vollzogen werden muss. Um zu klären, ob beim Klonen auch Menschen sterben, muss zunächst überlegt werden, <u>wann</u> menschliches Leben überhaupt beginnt.

Es gibt dazu sehr viele verschiedene Theorien. Zum einen wird gesagt, dass die Empfindungsfähigkeit des Embryos das entscheidende Kriterium ist. Diese setzt ein funktionierendes Nervensystem voraus, das sich bei einem Embryo ca. in der zweiten Woche entwickelt.[21]

Eine andere Möglichkeit, den Beginn menschlichen Lebens festzusetzen, wäre mit der Ausbildung des Gehirns. Der Beginn des Hirnlebens beginnt ca. mit dem 57. Tag nach der Empfängnis. Gegen diese These spricht, dass

---

[18] Vgl. Schreiner: Klonen durch Zellkerntransfer, S. 15.
[19] Vgl. Sadaryan: Bioethik in ökumenischer Perspektive, S. 222.
[20] Vgl. Hengstschläger: Das ungeborene menschliche Leben, S. 169.
[21] Vgl. Zoglauer: Konstruiertes Leben, S. 61.

Embryonen vor diesem Stichtag demnach als hirntot gelten müssten. Ob besagte Embryonen dann die gleiche Rechte wie hirntote Menschen haben, bleibt offen.[22]

Für einige Wissenschaftler definiert die Fähigkeit der Selbstachtung die menschliche Würde. Da Embryonen keine Selbstachtung empfinden, hätten diese auch keine Menschenwürde. Dagegen spricht z.B. die Stellung eines Komapatienten, der auch keine Selbstachtung hat. Nach dieser Theorie müsste der Embryo also die gleichen Rechte wie ein Komapatient haben.[23]

Die christliche Sichtweise strebt danach, die menschliche Lebensmöglichkeit zu schützen. Einen Menschen zeichnet gegenüber einem Tier seine Gottesebenbildlichkeit aus. Die Heiligkeit des menschlichen Lebens drückt sich auch durch das fünfte Gebot, das Tötungsverbot, aus. Ein Mensch soll keinen anderen Menschen töten. Ein Embryo hat das Potential, ein Mensch zu werden. Damit ist auch sein Leben schützenswert.[24]

Setzt man das menschliche Leben nun mit der Befruchtung der weiblichen Eizelle durch eine männliche Samenzelle an, muss diese Verbindung ebenso geschützt werden, wie ein schon geborener Mensch.[25] Diese Verschmelzung von weiblicher und männlicher Keimzelle nennt man auch Zygote.[26] Die katholische Kirche und die EKD gaben 1989 die Schrift >Gott ist ein Freund des Lebens< heraus. In dieser wird die Zygote mit voll entwickelten Menschen gleichgesetzt. Die Meinung innerhalb der evangelischen Kirche, wann Leben beginnt, ist aber nicht so einheitlich wie die innerhalb der katholischen Kirche. Das rührt u.a. daher, dass die evangelische Kirche sehr vielseitig ist und keine lehramtliche Hierarchie wie die katholische Kirche hat.[27]

---

[22] Vgl. Zoglauer: Konstruiertes Leben, S. 61.
[23] Vgl. Zoglauer: Konstruiertes Leben, S. 61-62.
[24] Vgl. Fischer: Die Schutzwürdigkeit, S. 30-31.
[25] Vgl. Körtner: Bioethische Ökumene, S. 76.
[26] Vgl. Graf: Klonen, S. 376.
[27] Vgl. Körtner: Bioethische Ökumene, S. 76-81.

5 Rechtslage

5.1 Österreich

Die österreichische Rechtslage punkto Klonen und speziell punkto reproduktivem Klonen ist nicht ganz eindeutig. In Österreich wurde erst im Jahr 2001 eine eigene Bioethikkommission eingesetzt. Damals gab es im Land keine embryonale Stammzellenforschung, sodass auch die Notwendigkeit eines eigenen Gesetzes diesbezüglich nicht gegeben war. Die wichtigste Rechtsregelung zum Thema Klonen ist das Fortpflanzungsmedizingesetz (FMedG) aus dem Jahr 1992. Das FMedG regelte das Klonen implizit, aber es wurden keine genauen Regelungen zur Präimplantationsdiagnostik (PID), zur Embryonenforschung oder zum Klonen gegeben.[28] Nach aktueller Lage wurde das FMedG mit Passagen zur Regelung von PID und dem Verbot der Forschung mit totipotenten Zellen ergänzt. Paragraf 9.1 sagt z.B:

FMedG § 9. (1) *Entwicklungsfähige Zellen dürfen – soweit in § 2a nichts anderes geregelt ist – nicht für andere Zwecke als für medizinisch unterstützte Fortpflanzungen verwendet werden.*

Somit ist das reproduktive Klonen in Österreich derzeit verboten.

5.2 International

Ein weltweites Klonverbot gibt es derzeit nicht.[29] In den USA ist das Klonen von Menschen generell verboten, aber die Forschung mit embryonalen Stammzellen erlaubt.[30] Auch im hochentwickelten Forschungsland Japan ist das Klonen von Menschen genau wie in China unter Strafe gestellt.[31] In Europa ist das reproduktive Klonen durch ein Zusatzprotokoll der Bioethikkonvention des Europarates verboten, dem fast alle Länder der EU gefolgt sind. Die Forschung mit embryonalen Stammzellen ist hingegen in einigen Ländern erlaubt.[32]

---

[28] Vgl. Heyer/Dederer: Präimplantationsdiagnostik, S. 47-48.
[29] Vgl. GEKE: Bevor ich dich. S. 174.
[30] Vgl. Heyer/Dederer: Präimplantationsdiagnostik, S. 86.
[31] Vgl. Heyer/Dederer: Präimplantationsdiagnostik, S. 77-79.
[32] Vgl. GEKE: Bevor ich dich. S. 174.

6 Ethische Probleme des Klonens

Die Anwendung der Klontechnik bei Mensch und Tier ist ethisch umstritten. Seit dem Klonschaf Dolly im Jahr 1997 wurde die Debatte entfacht, ob Klonen ethisch vertretbar sei oder nicht.[33]

6.1 Probleme des Klonens

Es besteht eine Gefahr von Missbildung und medizinische Risiken, wie es bei der Klonung von Tieren der Fall war. Eine Reihe von Fehlgeburten und Schwangerschaftsabbrüchen wäre die Folge. Die potentielle, bis jetzt noch nicht bekannte Gefahr für die Leihmütter wäre nicht zumutbar.[34]

Ein weiteres Problem wäre die Identitätsbildung eines geklonten Kindes.[35] Dessen Individualität könnte durch das Wissen um seine Entstehung bedroht werden. Gegen dieses Argument spricht immer, dass ein Klon nicht zu hundert Prozent das Erbmaterial seines Spenders bekommt, da die „leere" Zelle beim ZKT immer noch DNA enthält. Zudem spielen natürlich unterschiedliche Rahmenbedingungen bei der Entfaltung der Individualität eine Rolle. Ein Problem könnte aber das Bewusstsein des Klons darstellen, der sich immer als geklontes Geschöpf identifiziert. Dies könnte die Selbstentfaltung des geklonten Kindes erheblich beeinträchtigen.[36]

Die Auffassung von Familie und Vermehrung würde sich grundsätzlich ändern. Eine Familie müsste nicht mehr aus Vater und Mutter bestehen, um ein gemeinsames Kind zeugen zu können. Biologische Familien könnten nur ein Elternteil enthalten, wenn man sich bereits mithilfe der Klontechnik und einer Leihmutter reproduzieren kann.[37]

Des Weiteren ist der Wunsch nach einer eigenen Verdopplung ethisch sehr fragwürdig. Seinen eigenen Zwilling in Form eines eigenen Kindes zu erzeugen, würde die Identität des Kindes vermutlich sehr beeinflussen. Es

---

[33] Vgl. Hillebrand/Lanzerath: Klonen, Stand der Forschung, S. 25.
[34] Vgl. GEKE: Bevor ich dich. S. 175.
[35] Vgl. GEKE: Bevor ich dich. S. 175.
[36] Vgl. Hillebrand/Lanzerath: Klonen, Stand der Forschung, S. 31-32.
[37] Vgl. GEKE: Bevor ich dich. S. 175.

wäre das Abbild seines Elternteils, der wiederum das Urbild des Kindes wäre.[38]

Wenn es um die Frage geht, ob Klonen ethisch vertretbar ist, spielt auch die Dimension der Endlichkeit des Lebens eine Rolle. Ein ewiges Leben wäre indirekt machbar, wenn sich die gleiche Person immer wieder reproduziert. Dann würde es schließlich stets einen Menschen mit diesen Genen auf der Welt geben.[39]

Die Instrumentalisierung des geklonten Menschen stellt ebenfalls ein großes Problem dar. So kann z.b. ein Wunschkind mit ganz bestimmten Genen erschaffen werden. Stars, Sportler und Wissenschaftler könnten reproduziert und in die von ihrem Spender gewünschte Rolle gedrängt werden. Das Kind könnte möglicherweise nur für einen bestimmten Zweck auf die Welt gebracht werden, was dessen individuelle Freiheit verletzen würde.[40]

Überdies ist die embryonale Stammzellenforschung äußerst kritisch zu betrachten. Die Entwicklung und Erforschung des Klonens würde eine Unmenge an Embryonen brauchen. Diese menschlichen Embryonen würden als reine Forschungsobjekte und nicht als Menschen betrachtet werden. Hierbei ist wieder die Frage wichtig, ab wann menschliches Leben beginnt. Macht es Sinn, zuerst menschliches Leben zu zerstören, um anschließend menschliches Leben heilen und schaffen zu können?[41] Was würde mit bereits entnommenen Embryonen passieren, die im Zuge der IVF überschüssig geworden sind? Ist es ethisch vertretbar, mit diesen zu forschen oder ist eine Vernichtung dieser zu bevorzugen?[42]

6.2 Vorteile des Klonens

Das Klonen bietet neben den vielen möglichen Nachteilen auch einige Vorteile. So könnten bspw. homosexuelle Paare die Möglichkeit bekommen, ein genetisches Kind beider Partner auf die Welt zu bringen. Handelt es sich

---

[38] Vgl. GEKE: Bevor ich dich. S. 176.
[39] Vgl. GEKE: Bevor ich dich. S. 176.
[40] Vgl. Zoglauer: Konstruiertes Leben, S. 86,
[41] Vgl. Hengstschläger: Das Ungeborene menschliche Leben, S. 164-165.
[42] Vgl. Körtner: Bioethische Ökumene, S. 84.

um ein Paar von homosexuellen Männern, müsste allerdings eine Leihmutter mit eingeplant werden.[43]

Ein weiterer Vorteil des Klonens wäre, dass die natürliche Fortpflanzung unabhängig vom Alter der Eltern möglich gemacht werden könnte. Älteren Menschen würde so ihr Kinderwunsch erfüllt werden.[44]

7 Ethisch-theologische Diskussion

Der Mensch ist nach dem Ebenbild Gottes geschaffen. In Gen 1,27 wird berichtet, wie Gott den Menschen in seinem Bilde schuf. Der Mensch hat die Würde von Gott bekommen, ein Leben in Freiheit zu führen. Ein geklonter Mensch wird künstlich erschaffen, um sich gewisse Bedürfnisse zu erfüllen; eine Instrumentalisierung des Klons kann die Folge sein. Diese hinter dem Klonen verborgene Moral ist strikt abzulehnen. Ein geklontes Kind würde jedoch, selbst wenn es derzeit technisch nicht möglich ist, trotzdem ein Ebenbild Gottes sein. Es würde die Menschenwürde besitzen und die gleiche Liebe Gottes empfangen wie ein anders gezeugtes Kind.[45]

In Röm 3,8 wird gemahnt, das Böse zu tun, um das Gute damit zu erreichen. Diese Warnung trifft auf die Embryonenforschung zu. Wenn das menschliche Leben bei der Befruchtung der Eizelle beginnt, verstößt die Embryonenforschung damit gegen das fünfte Gebot und missachtet die Würde des Menschen. Auch wenn diese Forschungsrichtung viel Gutes zu bewirken vermag, ist deren Weg trotzdem nicht zu befürworten, da eine Missachtung des Lebens stattfindet.[46]

Ein Embryo selbst ist laut Bibel schon ein vollständiger Mensch. Dies unterstreichen folgende Bibelverse: Jer 1,5; Lk 1,44; Ps 139,13; Gal 1,15. Gott selbst hatte schon im Mutterleib einen Plan für jeden Menschen und sagt, dass jedes Kind von ihm gewollt ist.

---

[43] Vgl. Hengstschläger: Das Ungeborene menschliche Leben, S. 174.
[44] Vgl. Hengstschläger: Das Ungeborene menschliche Leben, S. 174.
[45] Vgl. Graf: Klonen, S. 303-304.
[46] Vgl. Graf: Klonen, S. 30.

Äußerst fragwürdig ist zudem das Streben nach einem perfekten Kind. Mit der Technik des Klonens könnte man verschiedenste Erbkrankheiten ausmerzen. Dem Körper des Kindes könnten verschiedene Attribute gegeben werden. In 2. Mose 4,11 heißt es: „(...) Wer hat den Menschen die Sprache gegeben? Wer macht die Menschen stumm oder taub? Wer macht sie sehend oder blind? Ich bin es, der Herr! (...)". Es ist nicht verwerflich, wenn die Medizin einen Menschen heilt oder ihm das Augenlicht wiedergibt. Ebenso wenig ist dagegen einzuwenden, dass die Technik einem Menschen hohe Töne noch im Alter mit einem Hörgerät erschließt. Der unbedingte Wille aber, ein gesundes Kind zu bekommen, ist zugleich die Ablehnung eines behinderten Kindes. Das perfekte Wunschkind ist perfide Vorstellung gegen die menschliche Natur.

8 Literaturverzeichnis

Fischer, Johannes: Die Schutzwürdigkeit menschlichen Lebens in christlicher Sicht. In: Anselm/Körtner (Hg.): Streitfall Biomedizin. Urteilsfindung in christlicher Verantwortung. Göttingen 2003. S. 27-45.

Gemeinschaft Evangelischer Kirchen in Europa: Bevor ich Dich im Mutterleib gebildet habe. eine Orientierungshilfe zu ethischen Fragen der Reproduktionsmedizin des Rates der Gemeinschaft Evangelischer Kirchen in Europa (GEKE). Wien 2017.

Graf, Roland: Klonen. Prüfstein für die ethischen Prinzipien zum Schutz der Menschenwürde. (Moraltheologische Studien, Bd. 5) St. Ottilien 2003.

Hengstschläger, Markus: Das ungeborene menschliche Leben und die moderne Biomedizin. Was kann man, was darf man. Maudrich 2001.

Heyer, Martin/Dederer, Hans-Georg: Präimplantationsdiagnostik. Embryonenforschung. Klonen. Ein vergleichender Überblick zur Rechtslage in ausgewählten Ländern. Alber 2007.

Hillebrand, Ingo/Lanzerath, Dirk: Klonen. Stand der Forschung, ethische Diskussion, rechtliche Aspekte. Stuttgart 2001.

Kersten, Jens: Das Klonen von Menschen. Eine Verfassung-,europa- und völkerrechtliche Kritik. Tübingen 2004.

Körtner, Ulrich: Bioethische Ökumene. Chancen und Grenzen. In: Anselm/Körtner (Hg.): Streitfall Biomedizin. Urteilsfindung in christlicher Verantwortung. Göttingen 2003. S. 71-98.

Sardaryan, Diradur: Bioethik in ökumenischer Perspektive. Offizielle Stellungnahmen der christlichen Kirchen in Deutschland zu bioethischen Fragen um den Anfang des menschlichen Lebens im Dialog mit der orthodoxen Theologie. Berlin 2008.

Schreiner, Regine: Klonen durch Zellkerntransfer. Stand der Forschung. Literaturauswertung im Auftrag des Nationalen Ethikrates. Berlin 2005.

Zoglauer, Thomas: Konstruiertes Leben. Ethische Probleme der Humangentechnik. Stuttgart 2002.